PROSPETTING TELEFONICO

4 passi fondamentali prima di un appuntamento telefonico

PROSPETTING TELEFONICO

4 passi fondamentali prima di un appuntamento telefonico

scritto da Noé Spies
tradotto par Sara Rossi

PROSPETTING TELEFONICO

- **Il problema:** quali sono le strategie e i consigli più importanti per rendere più efficaci le vostre telefonate?

- **Perché è utile:** *telefonare è un'attività essenziale per qualsiasi azienda, contribuisce all'allargamento della cerchia dei clienti e favorisce così la durata della vostra attività.*

- **Contesto:** approccio alle vendite, ricerca di clienti, marketing, comunicazione verbale, ecc.

- **FAQ :**
  - Come superare la barriera della segreteria?
  - Come si monitora e si gestisce una campagna di telemarketing?
  - Come seguire efficacemente un potenziale cliente?
  - Come posso prepararmi a situazioni inaspettate?
  - Come faccio a mantenere la calma se il cliente si arrabbia?
  - Come anticipare le possibili obiezioni?
  - Come posso assicurarmi che un potenziale cliente sia d'accordo?

L'utilità del prospecting telefonico è generalmente sottovalutata. Tuttavia, è essenziale per il corretto sviluppo di un'azienda. In effetti, può essere un modo rapido ed efficace per aumentare i vostri contatti e promuovere la vostra azienda presso i potenziali clienti. E', però, importante sapere come condurlo correttamente perché, in caso contrario, questo lavoro si rivelerà faticoso, se non addirittura scoraggiante. Infatti, il potenziale cliente che state cercando di raggiungere non è sempre disponibile o interessato al vostro progetto. Tutta una serie di motivi può spingerlo a riattaccare, infliggendo un duro colpo al vostro morale.

Il prospecting telefonico è una vera e propria strategia di marketing che bisogna imparare a gestire, attraverso il rispetto di diversi principi. Infatti, l'approccio corrisponde soprattutto a un know-how che lascia poco spazio all'improvvisazione. Oggi, la professionalizzazione di questa tecnica commerciale ha dato vita a un buon numero di metodi che, se padroneggiati, vi permetteranno di evitare tutte le insidie.

In quattro passi e con l'aiuto di una serie di consigli, potrete massimizzare le vostre possibilità di successo nel prospecting telefonico e massimizzare le prestazioni di acquisizione dei clienti. Sebbene questo articolo si proponga di guidarvi sulla strada del successo, dovete essere consapevoli che non esiste una formula miracolosa. Solo con la pratica e l'allenamento potrete raggiungere i vostri obiettivi.

LE BASI PER ESSERE UN TELE-PROSPETTORE D'ECCEZIONE

LA PREPARAZIONE

Non ha senso iniziare a chiamare i vostri potenziali clienti se le condizioni di lavoro non sono adeguate. Ci sono diversi aspetti da considerare per assicurarsi di sentirsi a proprio agio quando si compone il numero.

Conoscere il prodotto

È logico: non iniziate a fare prospecting prima di aver compreso a fondo il prodotto o il servizio che volete vendere, da ogni punto di vista. In particolare, è molto utile fare una ricerca sui vostri principali concorrenti per scoprire cosa offrono e trovare le caratteristiche che vi differenziano. Quando si effettuano le chiamate, ci si può concentrare su elementi specifici che danno un vantaggio rispetto ai concorrenti. Dopo tutto, è probabile che i vostri competitor stiano chiamando gli stessi potenziali clienti.

Creare un dossier dettagliato sui potenziali clienti

Il primo passo da compiere prima di iniziare è quello di preparare e lavorare sul proprio elenco di potenziali clienti. È ovviamente fondamentale conoscere bene la persona e l'azienda che si intende contattare per cercare di convincerla, ma anche per sapere se corrisponde ai target e ai profili che si stanno cercando. A questo scopo, tracciate un ritratto completo di ogni potenziale cliente, includendo:

- le caratteristiche complete dell'azienda con il settore di attività, il fatturato, la storia, gli eventi in corso, i dipendenti e i contatti.

- il nome esatto della persona che si desidera contattare e, se possibile, il suo numero di telefono diretto. In questo modo, eviterete le barriere della segreteria.

Ponetevi le seguenti domande:

- Qual è lo scopo preciso della mia telefonata? (semplice contatto, richiesta di appuntamento, vendita immediata, ecc.)

- Chi è la mia persona di riferimento? L'ho già contattato in passato? Qual è il suo ruolo all'interno dell'azienda? Ha potere decisionale?

Questa raccolta di informazioni vi permette di sapere a chi vi rivolgete, ma anche di stabilire dei legami tra il vostro obiettivo e il vostro target: cercate di individuare gli interessi che avete in comune, ad esempio. Nell'era digitale è facile farlo. Molti dati possono essere trovati sul sito web dell'azienda o sui social network come Twitter, Facebook o LinkedIn. Naturalmente, conservate i vostri registri e aggiornateli regolarmente.

Mettersi nelle condizioni giuste

Quando si telefona, è bene scegliere e preparare l'ambiente in modo appropriato. Se vi trovate in un luogo rumoroso con molte persone intorno a voi, avrete difficoltà a concentrarvi e l'interlocutore dovrà fare uno sforzo supplementare per capirvi. Tutto questo non faciliterà il contatto con il vostro potenziale cliente, che potrebbe non prendervi sul serio e riagganciare appena iniziata la conversazione.

Per un'atmosfera di lavoro ottimale, scegliete un luogo tranquillo e isolato, dove possiate esprimervi in pace. Se non avete altra scelta che il vostro *spazio aperto*, dite ai vostri colleghi che state conducendo una sessione di prospecting telefonico in modo che rispettino il vostro lavoro.

Prendete anche appunti o registrate la conversazione: tutte le informazioni che il vostro interlocutore vi fornirà sono preziose, quindi conservatele con cura!

 **PICCOLO BONUS**

Il prospecting telefonico non deve essere considerato un compito secondario nel vostro programma. Fissate nella vostra agenda un momento specifico in cui lo farete e rispettatelo. Nel suo libro *Comment trouver et fidéliser vos clients*, Arnaud Cielle afferma che la durata ideale di una sessione *telefonica* è compresa tra 1,5 e 3 ore.

CONTATTO

La prima impressione che fate all'interlocutore è fondamentale e determinerà il buon esito della conversazione. Se le vostre prime parole sono esitanti o imbarazzanti, la vostra immagine ne risentirà negativamente. Lavorare sul contatto è quindi un passo da non trascurare per iniziare bene il rapporto con il prospect.

Attirare l'interesse del potenziale cliente

Nei suoi articoli, Victor Cabrera, coach e consulente per l'efficacia delle vendite, spiega che, proprio come durante un contatto fisico, il potenziale cliente si formerà un'opinione su di voi nei primi 20 secondi. Inoltre, secondo lui, il primo contatto determina l'80% del risultato del vostro approccio: la percezione che il vostro potenziale cliente avrà di voi sarà definita da questa prima impressione.

Siate quindi forti e chiari nelle vostre prime parole: presentatevi in modo succinto (nome e ragione sociale) e trasmettete fin dall'inizio il vostro principale messaggio di marketing. Per stabilire ciò, ricordate che dovete differenziarvi dai vostri concorrenti. Evidenziate i vantaggi che il vostro cliente otterrà lavorando con voi: un vantaggio, una qualità, una caratteristica, un prezzo interessante, ecc.

L'obiettivo è suscitare direttamente l'interesse del prospect evitando le banalità. Dovete concentrarvi su un'esigenza – il più possibile specifica – del vostro interlocutore e dimostrare in una frase come la vostra offerta gli consentirà di soddisfarla: risparmi, vantaggi o risultati particolari. Da qui l'importanza della fase di preparazione sviluppata in precedenza, che consente di farsi un'idea di ciò che interessa al prospect e quindi di personalizzare le chiamate.

Poi cercate di stabilire un accordo. L'oggetto dell'accordo potrebbe non essere direttamente collegato al vostro obiettivo finale. Si tratta semplicemente di convincere l'altra persona ad accettare. Ad esempio, chiedete al vostro interlocutore: "Accetterebbe di concedermi qualche minuto in più? In psicologia, infatti, secondo la teoria dell'impegno, ottenere il consenso iniziale del potenziale cliente per qualsiasi motivo (anche se insignificante) offre maggiori possibilità di successo nel resto della trattativa. Perché dovrebbe essere così? Perché il cervello umano, in una logica di coerenza, sarà automaticamente tentato di rimanere in armonia con le sue scelte precedenti.

Presentate all'interlocutore un piano di come si svolgerà il colloquio: questo vi darà il controllo sulla telefonata e dimostrerà che siete strutturati. Infine, specificate il tempo necessario per il vostro approccio, per dimostrare che siete professionali e che siete attenti anche al suo tempo.

Porre le domande giuste

Una volta stabilito il contatto, vi verrà chiesto di stabilire una vera e propria conversazione con il vostro prospect al fine di:

- convincerlo dei meriti del vostro approccio;

- definire meglio le sue esigenze raccogliendo una serie di informazioni su di lui.

Per raggiungere questi due obiettivi, assicuratevi di porre le domande in modo preciso. In alternativa, dovrete porre all'interlocutore sia domande aperte che chiuse. Interessatevi realmente al vostro potenziale cliente e fate in modo che voglia partecipare alla conversazione:

- chiedendo la sua opinione ("Come lo vede?", "Cosa ne pensa?"). In questo modo il prospect avrà l'opportunità di identificare un problema importante per lui e di prenderne nota;

- chiedendogli informazioni sui propri bisogni e desideri;

- interrogandolo sulla sua azienda, sul suo lavoro e sulla sua vita quotidiana.

Pensate poi a fare domande chiuse se volete ottenere:

- una conferma della comprensione;

- informazioni concrete (una cifra, una data, ecc.);

- un'affermazione o una negazione su un argomento nebuloso.

Questa fase di scoperta e chiarimento delle esigenze del cliente è essenziale. Variando il tipo di domande e riformulando ciò che dicono, potrete ottenere le informazioni che desiderate. Potete quindi fare riferimento a queste informazioni per affinare la vostra argomentazione e, soprattutto, per rispondere alle obiezioni del vostro interlocutore.

CONSIGLIO

Evitate di porre molte domande in modo troppo brusco, perché questo può spegnere rapidamente la persona all'altro capo del telefono e farla sentire come se steste conducendo un sondaggio noioso.

L'ARGOMENTO

Avete stabilito un primo contatto promettente con il vostro interlocutore e lui è pronto ad ascoltarvi. Ora dovrete convincerlo del valore del vostro prodotto o servizio, riuscendo a gestire abilmente le sue obiezioni. Il vostro obiettivo è ottenere un appuntamento.

Sviluppare argomenti e rispondere alle obiezioni

Una buona argomentazione richiede il rispetto di alcune regole di base ed è strutturata in diverse fasi:

. iniziate evidenziando un massimo di tre vantaggi per il cliente. Non è necessario dire di più, perché in questo modo si perde l'attenzione del potenziale cliente;

. quindi, proponete argomentazioni relative al problema o ai problemi sollevati dall'interlocutore nella fase precedente. L'obiettivo è fargli sentire che la vostra offerta è adatta alle sue esigenze e che avete individuato le sue aspettative;

. Infine, dategli il tempo di rispondere alle vostre argomentazioni.

Emergono quindi tre possibilità:

. nel migliore dei casi, il potenziale cliente accetta tutte le vostre argomentazioni;

. è interessato, ma ha alcune obiezioni;

. non lo è o non lo è del tutto e formula anche delle obiezioni.

 ## PICCOLO BONUS

Non prendete l'obiezione di un potenziale cliente come un fallimento. Spesso nelle vendite le obiezioni possono rivelare segnali di interesse da parte del potenziale cliente, che in realtà sta cercando di saperne di più.

Negli ultimi due casi, i più frequenti, dovrete essere in grado di reagire rapidamente. Come si fa? Il primo passo è accettare la situazione e poi approfittarne. Non riuscirete quasi mai a concludere una vendita senza che la vostra controparte sollevi alcuni ostacoli. Imparate a superare questi ostacoli per far pendere la bilancia a vostro favore.

Per farlo, dovrete innanzitutto scoprire qual è il motivo dell'obiezione. Fate domande aperte e chiuse. Poiché la natura dell'obiezione è raramente chiara, prendete il tempo necessario per ascoltare le preoccupazioni del vostro potenziale cliente, in modo da poterlo rassicurare adeguatamente. In questo modo eviterete di affrettare i tempi e di imboccare la strada sbagliata senza capire quali sono le reali obiezioni. Inoltre, gli dimostrerete che state prestando attenzione alla sua situazione.

Anche se è bene essere empatici, fate attenzione a non dare ragione al vostro interlocutore ammettendo che la vostra offerta presenta dei difetti. Usate un linguaggio come "Capisco il tuo punto di vista. È normale avere domande al riguardo. Tuttavia…" piuttosto che "Hai ragione".

Date, poi, una risposta precisa e personalizzata all'obiezione del vostro potenziale cliente. Qui è necessario distinguere il tipo di obiezione che si sta affrontando:

. Se l'interlocutore ha dei dubbi, sostenete le vostre affermazioni con fatti appropriati, come il fatturato, le prestazioni, i risultati di uno studio, ecc. I fatti fungeranno automaticamente da argomenti autorevoli e contribuiranno a rassicurarlo. Sta a voi trovare quello che fa centro, in linea con le sue critiche!

. Se c'è un'obiezione reale, si fa una cosiddetta transizione. Ciò avviene spostando la conversazione oltre il punto di obiezione, dimostrando come alcuni punti della vostra offerta siano ancora adatti alle esigenze del vostro potenziale cliente, in breve, evitando di parlare della critica stessa. Per avere successo in questa fase, dovrete aver individuato le esigenze del vostro prospect e averne scritto i punti chiave, in modo da poterli far emergere a questo punto. Questo vi permetterà di bilanciare il discorso dopo l'obiezione.

Infine, riassumete tutte le obiezioni dell'intervistatore – questo dimostrerà che le comprendete – e poi dimostrategli con A+B che la vostra offerta soddisfa le sue esigenze. Concludete con una domanda per capire se la vostra proposta lo convince o meno. Se la risposta è positiva, congratulazioni!

In caso contrario, ricominciate il processo: ponete una nuova domanda per scoprirne il motivo. In caso di dubbio, chiedete al vostro interlocutore quali prove possono convincerlo e cercate di fornirgliele, oppure offrite altre prove. Se c'è un'obiezione reale, le vostre argomentazioni non sono state abbastanza forti. Potete sempre cercare di aggiungere dei vantaggi per farli passare dalla vostra parte (un bonus cliente, una garanzia più lunga, un periodo di prova, ecc.) L'ideale in questa situazione è chiudere con un'apertura, in modo da avere una scusa legittima per ricontattarlo.

Il diagramma seguente mostra le diverse fasi da seguire per sviluppare un'argomentazione convincente e affrontare tutte le obiezioni del vostro prospect.

Forma di gestione: linguaggio orale

La padronanza del contenuto della vostra argomentazione, però, non sarà sufficiente a vincere ogni battaglia; dovrete gestire la forma, cioè il linguaggio orale! Molti cold caller spesso falliscono nella propria attività di prospecting telefonico perché la loro comunicazione orale non è buona. Le ragioni possono essere diverse:

- stress;

- esitazioni;

- scarsa articolazione;

- balbuzie;

- flusso troppo veloce;

- mancanza di intonazione;

- freddezza nella voce;

- ecc.

Per evitare questo tipo di situazioni, vi presentiamo alcuni esercizi semplici e veloci per aiutarvi a sentirvi più a vostro agio quando parlate al telefono:

- Prima di chiamare, fate un respiro profondo e bevete un po' d'acqua per schiarirvi la gola;

- Riscaldate la voce sbadigliando, ridendo o recitando le vocali;

- Quando chiamate e durante la telefonata, sforzatevi di sorridere. Questo si rifletterà nell'empatia della vostra voce;

- Articolate il messaggio che deve essere udibile dall'interlocutore. Per farlo, esercitatevi da soli o con un amico simulando una conversazione;

- Parlate a un ritmo né troppo lento né troppo veloce. L'obiettivo è aggiungere intonazione e rendere vive le parole;

- Non utilizzate un vocabolario troppo tecnico o scientifico o un linguaggio troppo familiare. Preferite un linguaggio classico e comprensibile. Aggiungete un linguaggio visivo per far sì che il potenziale cliente possa visualizzare meglio la vostra offerta;

- Siate positivi nelle parole che usate. Ad esempio, utilizzate parole come beneficio, profitto, guadagno, vantaggio o crescita ed evitate parole come difficoltà, ostacolo, perdita, pericolo o paura;

- Mantenete le frasi brevi, incisive e, se possibile, al tempo presente. Evitate di impelagarvi in monologhi interminabili;

- Fate una pausa nel vostro discorso per riprendere fiato e dare al cliente la possibilità di parlare. Le pause possono essere utili quanto le argomentazioni.

👁 **BUONO A SAPERSI**

Il vostro interlocutore è interessato soprattutto a soddisfare le sue esigenze, ma vuole anche sentirsi in sintonia con il venditore che lo contatta. Potreste proporre tutti gli argomenti del mondo, ma se il potenziale cliente non si sente a proprio agio con voi, la vostra offerta non avrà molte possibilità di successo.

Abbellire l'offerta: lo storytelling

Lo storytelling è semplicemente raccontare una storia al proprio pubblico, ma non una storia qualsiasi! Si tratta di parlare del vostro prodotto in modo diverso, attraverso una storia, per invogliare le persone a comprarlo. L'obiettivo è quello di sviluppare emozioni positive nel prospect utilizzando uno stile narrativo.

Nella struttura della vostra storia, dovreste includere gli elementi essenziali di una buona narrazione: una situazione iniziale, un elemento di disturbo, un eroe, degli ostacoli, una ricerca e una risoluzione. Tuttavia, non deve essere come una favola, ma credibile e realistica. Ispiratevi, ad esempio, alle *storie di successo* dei clienti della vostra azienda.

Per far sì che il potenziale cliente si decida di fronte alla vostra storia, iniziate a fare appello alle sue emozioni, esponendo un problema a cui si può riferire. Poi ricorrete alla sua logica formulando soluzioni. Questa tecnica di comunicazione, che ha già dimostrato la sua validità, vi permetterà di catturare l'attenzione e l'interesse del vostro interlocutore.

Per sviluppare una storia avvincente, considerate le tre domande chiave poste dall'esperto di strategia aziendale François Batun nel suo articolo "*Le storytelling pour un argumentaire commercial percutant*":

. Quali sono i problemi che il mio interlocutore deve affrontare nella sua vita quotidiana? Costruite uno scenario in cui il potenziale cliente possa immedesimarsi;

. Quali sono gli elementi di questo problema che conosco e di cui il mio cliente non è a conoscenza? Questa domanda vi permetterà di trovare elementi che esploreranno l'intero problema del vostro prospect. Più il potenziale cliente esplora le caratteristiche del suo problema (compresi gli aspetti a cui non aveva pensato) attraverso la vostra storia, più è probabile che acquisti il vostro percorso narrativo;

. Come può il mio contatto risolvere questo problema? Gli elementi finali della vostra storia sono l'offerta che fate e che si rivela essere la soluzione al problema.

Sfruttare al meglio le informazioni ottenute: Il metodo SONCAS(E)

Le esigenze del cliente sono quindi un punto cruciale nella discussione sulle vendite. Per questo motivo, vi consigliamo di applicare il metodo SONCAS(E), ben noto nel mondo del marketing, ma non abbastanza utilizzato. L'acronimo riassume tutte le motivazioni d'acquisto di un potenziale cliente, distinguendo così tra diverse categorie di clienti in base ai loro criteri di scelta prioritari. Questo perché un cliente stabilisce necessariamente una gerarchia nell'importanza che attribuisce a ciascun criterio. Utilizzando questa tecnica, si può diventare più efficienti nella scelta delle domande e capire rapidamente quali sono le motivazioni che spingono il potenziale cliente. In questo modo, sarà più facile concludere l'affare. Non dimenticate di fare riferimento a queste diverse leve decisionali durante le chiamate.

Negoziare con stile: cinque regole da conoscere

Il potenziale cliente non è sempre facilmente persuadibile e potrebbe chiedervi di fare concessioni o condizioni speciali. Pertanto, saper negoziare si rivelerà una risorsa importante in molte situazioni. Ricordate i cinque punti principali sviluppati da Victor Cabrera nel suo articolo "*5 keys to effective negotiation*":

- Siate ambiziosi fin dall'inizio, osando una richiesta elevata per avere un margine di negoziazione. Se si imposta la soglia minima all'inizio, si riduce automaticamente questo margine;

- Elencate i punti di disaccordo e individuate quelli meno importanti per voi, quelli su cui siete pronti a cedere. Accettate di piegarvi su questi punti, ma negoziate una contropartita. Il potenziale cliente penserà di aver appena fatto un buon affare e sarà più propenso a cedere;

- Negoziate la contropartita più preziosa per voi. Questo è il momento chiave per far pendere la bilancia a vostro favore e invertire la pressione, poiché avete appena accettato di fare una concessione;

- Potete rinunciare all'offerta iniziale, ma solo a piccoli passi. Se vi ritirate tutti insieme, perderete il vostro margine di negoziazione. L'obiettivo è ottenere il massimo rinunciando al minimo;

- Coinvolgete l'interlocutore verso la conclusione. Se non lo invitate a concludere, gli darete la possibilità di avanzare ulteriori richieste e correte il rischio che si tirino indietro dalla trattativa.

 **PICCOLO BONUS**

Per evitare di dover giustificare le vostre tariffe, spostate la discussione sul valore dell'offerta, non sul suo prezzo.

LA CONCLUSIONE

Sapere come chiudere un incontro alla fine del colloquio è importante almeno quanto le fasi precedenti. Il rischio è che tutto il lavoro svolto venga vanificato da un maldestro tentativo di chiusura. È quindi essenziale sapere come farlo correttamente.

Non cadete nella trappola di ripetere l'intero discorso di vendita. Concentratevi invece sull'ottenimento dell'appuntamento. A tal fine, è necessario suscitare la curiosità dei potenziali clienti, in modo che vogliano andare oltre. Quindi non dite troppo, ma dite qualcosa di eclatante che includa un vantaggio significativo della vostra offerta e suggeritegli di conoscere di più durante un incontro. Ad esempio, in questo caso, sottolineate che la vostra azienda è l'unica sul mercato a offrire un prezzo così basso per questo tipo di prodotto. Parlando di un'opportunità da non perdere, si fa leva sul concetto di scarsità.

Infine, proponete di vostra iniziativa un luogo e una data specifici per l'incontro, seguiti da una possibilità più ampia (per evitare obiezioni): "Avrei disponibilità per venirla a trovare in ufficio questo giovedì alle 11.00? O preferisce il venerdì pomeriggio?

Tenete presente che questo metodo non vi farà ottenere sempre un appuntamento. In realtà, nessuno raggiunge il 100% di successo. Tuttavia, vi permetterà di aumentare in modo significativo i vostri risultati attuali. Ricordate: il prospecting telefonico è un'arte che richiede pratica e rigore.

I MIGLIORI CONSIGLI

- Stabilite obiettivi specifici per ogni sessione di telemarketing. Questo vi permetterà di confrontare i risultati da una sessione all'altra e di imparare da essi per migliorare.

- Siate convinti del vostro approccio e abbiate fiducia in voi stessi. Se siete apprensivi, si percepirà.

- Usare l'umorismo in modo appropriato. Questo renderà la conversazione meno drammatica e metterà il vostro interlocutore a proprio agio. Ma non esagerate: non c'è niente di peggio di un venditore pesante.

- Padroneggiate l'arte dell'ascolto. La vostra attività di prospecting ha successo se il vostro potenziale cliente parlerà più di voi. Otterrete informazioni preziose dalla conversazione.

- Conoscete a fondo la vostra offerta. Questo può non sembrare un grosso problema, ma se non sapete cosa state offrendo, sarete rapidamente respinti dal vostro interlocutore che non vi prenderà sul serio.

- Non esitate a chiamare regolarmente i vostri potenziali clienti. Se la prima chiamata è arrivata nel momento sbagliato, non abbiate paura di riprovare. *Telefonare* a volte è anche una questione di fortuna.

- Rimanete positivi di fronte alle obiezioni e ai rifiuti. Questo sorprenderà l'interlocutore, che non si aspetta una simile reazione. Non contradditelo, ma apportate nuovi elementi che possano mettere in discussione la sua opinione iniziale.

. Non mentite sulla vostra offerta e mantenete le vostre promesse. Sembra ovvio, ma può capitare di lasciarsi trasportare in una trattativa. Tutto ciò che dite deve essere giusto e realizzabile, altrimenti la vostra controparte scontenta vi darà una cattiva recensione.

. Prendete appunti o registrate la conversazione per non perdere nessuno dei dati forniti dal potenziale cliente. Questa è la base e può essere utile in una seconda chiamata.

. Se temete di dimenticare le informazioni sul prodotto o sul servizio che state vendendo, tenete a portata di mano un foglio che le riassuma. Tuttavia, assicuratevi di scrivere solo parole chiave, in modo che non sembri che stiate leggendo le vostre argomentazioni.

FAQ

COME SUPERARE LA BARRIERA DELLA SEGRETERIA?

Questo è un passo temuto, ma dovete convincere la segreteria a mettervi in contatto con il decision maker che volete raggiungere. Per farlo, siate fermi e usate un tono deciso. Indicate anche il nome e il cognome della persona che volete contattare.

Il testo sarà: "Buongiorno, sono Victor Martin, direttore vendite di X, può passarmi il signore/signora X per favore?

Usando un tono di voce assertivo, si dà l'impressione di conoscere il decisore e di ritenere importante il proprio messaggio. Fate credere che la vostra chiamata sia attesa da questa persona e quindi legittima. In questo modo, avrete maggiori possibilità di superare questo primo ostacolo. Se, nonostante tutto, la strada è ancora bloccata, chiedete :

- di poter richiamare in un altro momento ("Può dirmi quando sarà disponibile?");

- fissare direttamente un appuntamento ("Ha la sua agenda davanti a sé?").

Il modo migliore è ovviamente quello di trovare il numero di telefono diretto del vostro potenziale cliente, che vi risparmierà questa fase a volte laboriosa e lunga.

COME SI MONITORA E SI GESTISCE UNA CAMPAGNA DI TELEMARKETING?

Iniziate a redigere un file contenente le informazioni di ogni telefonata (contatti e date) e il risultato della comunicazione (esigenze del prospect, obiezioni, proposta fatta, oggetto della discussione, ecc.) È possibile organizzarli, ad esempio, in una tabella riassuntiva in Excel. In questo modo potrete costruire un database, analizzare i risultati e migliorare le chiamate future grazie alla conoscenza dei vostri potenziali clienti.

COME SEGUIRE EFFICACEMENTE UN POTENZIALE CLIENTE?

È possibile seguire il prospect e tentare la fortuna una seconda volta per diversi motivi:

. conoscere le sue nuove motivazioni;

. annunciare una nuova caratteristica della vostra offerta;

. per rispondere a una domanda lasciata in sospeso durante il colloquio precedente;

. inviare ulteriori informazioni che potrebbero riguardarlo.

L'ideale sarebbe chiudere la prima telefonata con un'apertura, in modo da avere una scusa legittima per ricontattarlo.

COME POSSO PREPARARMI A SITUAZIONI INASPETTATE?

La cosa migliore da fare è redigere un copione telefonico, uno scenario di conversazione, per essere preparati a varie eventualità. Preparate la vostra proposta di vendita, la vostra presentazione, le potenziali domande e obiezioni e le vostre risposte a ciascuna di esse. Naturalmente, dovete adattare il vostro copione al vostro interlocutore, personalizzandolo. Per questo, una buona preparazione è la ricetta migliore.

COME FACCIO A MANTENERE LA CALMA SE IL CLIENTE SI ARRABBIA?

Qualsiasi sessione di prospecting telefonico comporta la presenza di persone scontente e maleducate. Se l'interlocutore ha bisogno di esprimere il proprio fastidio, lasciatelo fare e ascoltatelo con attenzione (cercate sempre di ottenere il maggior numero possibile di informazioni su di lui) cercando di rispondere con calma e rispetto alle sue critiche. Mostrare empatia e comprensione per la sua situazione. Se sente la vostra compassione, è più probabile che si calmi.

COME ANTICIPARE LE POSSIBILI OBIEZIONI?

Dovete preparare le vostre risposte in anticipo in base al vostro potenziale cliente. Se lo avete studiato bene, sarete in grado di individuare facilmente i punti sensibili che bloccheranno il processo e di sviluppare argomenti per porvi rimedio. Non si tratta di preparare le stesse risposte per ogni prospect: la vostra azione deve essere precisa e personalizzata.

Dovrete affrontare due tipi di obiezioni:

. generici, come "non ho tempo", "non sono interessato". In questo caso, è solo la vostra capacità di persuasione che può fare la differenza;

. specifici, come "ho già lo stesso prodotto di un concorrente", "è un po' caro", o al contrario "è sicuro che costi solo…? In questo caso, il vostro interlocutore è almeno un po' interessato, perché vi sta dicendo il motivo del blocco! La porta è quindi aperta, quindi sapete come entrare rispondendo con un buon argomento che lo farà esitare e poi cambiare idea.

COME POSSO ASSICURARMI CHE UN POTENZIALE CLIENTE SIA D'ACCORDO?

Per verificare il consenso di un potenziale acquirente:

. comunicategli la vostra disponibilità a lavorare insieme;

. fare una promessa (fattibile) per il prossimo appuntamento;

. riassumere i punti concordati e fissare un incontro futuro.

PER APPROFONDIMENTI

FONTI BIBLIOGRAFICHE

Batun (François), "Le storytelling pour un argumentaire commercial percutant", in *D2b Consulting*, giugno 2015, consultato il 3 dicembre 2015.

http://www.d2bconsulting.fr/storytelling-pour-un-argumentaire-commercial-impactant/

Cabrera (Victor), "Come fare un rilancio intelligente dei clienti?", in *Technique De Vente*, febbraio 2015, consultato il 7 dicembre 2015.

http://www.technique-de-vente.com/comment-vendre-meme-si-vous-netes-pas-parvenu-a-conclure-une-vente/

Cabrera (Victor), "Come avere successo nella prospezione telefonica", in *Technique De Vente*, maggio 2015, consultato il 3 dicembre 2015.

http://www.technique-de-vente.com/comment-reussir-une-prospection-telephonique/

Cabrera (Victor), "Telemarketing: 14 consigli per il successo", in *Technique De Vente*, agosto 2015, consultato il 3 dicembre 2015.

http://www.technique-de-vente.com/teleprospecteur-14-conseils-pour-reussir/

Cielle (Arnaud), *Comment trouver et fidéliser vos clients*, Paris, Dunod, 2011.

EL Kaddioui (Karim), "Prospecting telefonico: vendere come un professionista", in *Business Tool Box*, agosto 2012, consultato il 9 dicembre 2015.

http://blog.businesstoolbox.fr/prospection-telephonique-apprenez-a-vendre-comme-un-pro/

MOUZÉ (Bruno), "10 astuces pour réussir sa prospection téléphonique", in *L'efficacité commerciale*, gennaio 2014, consultato il 7 dicembre 2015.

http://lefficacitecommerciale.fr/10-astuces-pour-reussir-sa-prospection-telephonique/

"Riflessi da acquisire e consigli da seguire", in *petite-entreprise.net*, agosto 2013, consultato il 10 dicembre 2015.

http://www.petite-entreprise.net/P-3762-85-G1-prospection-telephonique-reflexes-a-acquerir-et-astuces-a-suivre.html

FONTI AGGIUNTIVE

AGUILAR (Michaël) e LAFAIX (Philippe), *Les accélérateurs de vente. 100 tecniche incontournables pour vender plus, plus vite, plus cher*, 2e edition, Paris, Dunod, 2011.

Baudier (Michel), *Bien prospecter par téléphone pour obtenir des rendez-vous*, Paris, Maxima, 2011.

HENRY (Isabelle), *Osez la prospection téléphonique*, Castries, COM…TEL, 2015.

MOULINIER (René), *Prospettiva commerciale. Strategie e attiche per acquisire nuovi clienti*, 3e edizione, Parigi, Éditions d'Organisation, 2009.

Vendeuvre (Frédéric) e BEAUPRÉ (Philippe), *Gagner de nouveaux clients. La prospection efficace*, 4e edizione, Parigi, Dunod, 2013.

Vogliamo sapere da voi!
Lasciate un commento sulla vostra biblioteca online
e condividete i vostri libri preferiti sui social media!

IMPROVE YOUR GENERAL KNOWLEDGE

IN THE BLINK OF AN EYE!

www.50minutes.com

Master ISBN: 9782808608275
ISBN cartaceo: 9782808609487
Deposito legale: D/2023/12603/133

Design digitale: Primento,
il partner digitale degli editori.